Günter Streich

Rundflug über das alte
ESSEN

Wartberg Verlag

In unserer Reihe „Bilder aus Essen“ sind bisher erschienen:

(1) Essen – Ein verlorenes Stadtbild
(2) Rundgang durch das alte Essen
(3) Essen. Bewegte Zeiten – Die 50er Jahre
(4) Rundflug über das alte Essen

Fotonachweis: Kommunalverband Ruhrgebiet, Essen

1. Auflage 2000

Druck: Werbedruck GmbH Horst Schreckhase, Spangenberg
Buchbinderische Verarbeitung: Büge, Celle

34281 Gudensberg-Gleichen, Im Wiesental 1
Tel.: 0 56 03/9 30 50
ISBN 3-86134-959-0

VORWORT

Die vierzehn Jahre von 1925 bis 1938 sind zwar nur ein sehr kurzer Abschnitt in der 1300-jährigen Geschichte Essens (gerechnet ab der angenommenen Burggründung durch Karl Martell), aber ein sehr inhaltsreicher: Zunehmende Industrialisierung, Besetzung des Ruhrgebiets durch Franzosen und Belgier zur Einforderung der Weltkriegs-Reparationen, Weltwirtschaftskrise und Inflation, Bergarbeiterstreiks und Zechenstilllegungen, Hunger und Arbeitslosigkeit – aber auch Anwerbung ausländischer Mitarbeiter für den Bergbau, Bau von Werks- und Zechensiedlungen und Gründung von Wohnungsgenossenschaften. Das alles prägte die Jahre zwischen den beiden Weltkriegen. Und über das Revier legten sich die ersten Schatten der düstersten Zeit Deutschlands. In diesen 14 Jahren entstanden die Luftbilder dieses Buches: Dokumente der Zeitgeschichte, des Wachstums der Industrie und ihrer Arbeitersiedlungen.

Das neue Medium der Luftbildfotografie machte es möglich. Unternehmen beauftragten private Flugzeugfirmen, mit den neuen Kameras mit großer Brennweite ins Bild zu setzen, was sie selbst unten auf der Erde geschaffen hatten: Zechen und Stahlwerke, Siedlungen und Flugplätze. Aber auch das Grün im Stadtgebiet, die Ausflugslokale und Sportstätten sind auf diese Weise für die Nachwelt festgehalten worden und befinden sich heute, wie alle Luftbilder dieses Buches, im Archiv des Kommunalverbandes Ruhrgebiet (KVR).

Dieser war am 5. Mai 1920 als Siedlungsverband Ruhrkohlenbezirk (SVR) gegründet worden. Essens technischer Beigeordneter Robert Schmidt hatte schon 1912 eine Einrichtung gefordert, die Städtegrenzen nicht als Grenzen der Planungsräume betrachten sollte. 1919 ergriff Essens Oberbürgermeister, der spätere Reichsfinanzminister und Reichskanzler (1925/1926) Hans Luther, die Initiative und ein Jahr darauf rühmten sich alle Ruhrgebietskommunen zu den Gründern des Siedlungsverbandes zu gehören, der seit 1979 Kommunalverband Ruhrgebiet (KVR) heißt. Erster Direktor dieser ersten Raumplanungsbehörde in Deutschland wurde Robert Schmidt. Die beiden Hauptaufgaben des SVR: Schaffung von Freiflächen für „regionale Grünzüge“ und Grundstückssicherung für ein regionales, einheitliches Straßenverkehrs- und öffentliches Nahverkehrsnetz.

Die preußische Regierung hatte erkannt, dass die „moderne Zeit“ mit ihrer ungebremst wachsenden Industrie nach ordnender Hand verlangte, wenn die Lebensqualität in den Ballungsgebieten nicht weiter sinken sollte. Schon 1920 hatte Preußen eine Baumsatzung erlassen.

Daten des Ruhrgebiets: 1899 hatte sich der Ruhrtalsperrenverein gegründet, der die Versorgung der Bevölkerung und der Industrie mit Wasser sicherte. Er wurde 1938 mit dem Ruhrverband vereint, der für die Selbstreinigung des Flusssystems zuständig ist. Die Stauung der Ruhr zum Baldeneysee in Essen begann 1933. Im Jahr 1904 entstand die Emschergenossenschaft, die den zur Kloake verkommenen Fluss regulierte und Klärwerke baute.

All diese Organisationen hatten und haben – wie die Konzerne der Kohle und der Energieversorger – ihren Sitz in Essen. Gemeinsames Planen von Kommunen und Industrie im Sinne einer lebenswerten Industrielandschaft Ruhrgebiet wollte der KVR fördern. Die Grundsteine wurden damals gelegt, Erfolge solcher Bemühungen sind heute sichtbar: Wirtschaftliche Umstrukturierung, Nutzung nicht mehr benötigter Industrieflächen, Verkehrslösungen, Regional-Grün sind ohne solche Verbände und ohne Zusammenwirken mit der Industrie nicht zu meistern.

Aus den Beständen der Verbände und aus den Archiven der Industrie konnte der KVR seine Luftbildsammlung aufbauen. Die erste Luftaufnahme – Paris aus dem Ballon fotografiert – gelang Gaspar-Félix Tournachon, genannt Nadar, bereits 1858. Im Deutsch-Französischen Krieg 1870/71 musste der bekannte Pariser Porträtfotograf, der auch das Kunstlicht für die Fotografie nutzbar machte, sein Können in den „Dienst des Vaterlandes“ stellen.

Die Bilder unseres Buches sind ausnahmslos Schrägfotografien. Die Fotografen hielten die schwere Plattenkamera aus dem offenen Fluggerät. Schrägbilder geben die Motive plastischer wieder. Senkrechtaufnahmen mit fest installierten Kameras nutzen vornehmlich Vermesser, Kartografen, Archäologen und das Militär.

In den vierzehn Jahren, in denen unsere Stadtbilder entstanden, erlebte das Ruhrgebiet eine große kommunale Neugliederung. Essen wuchs 1929 um den Landkreis Essen und die bis dahin selbstständigen Städte Werden und Steele. Die Einwohnerzahl stieg um rund 160 000 auf 657 700, die Fläche verdoppelte sich in etwa auf 188,4 Quadratkilometer. Begonnen hatte die Eingemeindung nach Essen 1901: Altendorf mit den Kruppwerken. Beendet wurde das verordnete Wachstum der Stadt mit dem „Gewinn“ von Burgaltendorf 1970 und Kettwig 1975.

Die Jahre zwischen 1925 und 1938 brachten dem Revier neben den erwähnten Problemen auch Zukunftweisendes. 1927 wurde in Essen die Folkwangschule gegründet, die als Hochschule für Kunst und Gestaltung internationalen Ruf genießt. 1929 entstand die Gruga aus der Großen Ruhrländischen Gartenbauausstellung. 1932 begann der Ausbau des Ruhrschnellwegs; 1938 folgte die einheitliche Verkehrsplanung für das Revier. 1926 riefen Mitglieder des Rheinisch-Westfälischen Kohlensyndikats Essen die Aktiengesellschaft für Kohleverwertung ins Leben, um der Kohle neue Absatzmärkte zu öffnen. Seit 1928 heißt die Gesellschaft Ruhrgas AG und ist heute das größte Ferngasunternehmen Europas. Schon 1898 war die Rheinisch-Westfälische Elektrizitätswerk AG gegründet worden. Essen wuchs zum Energiezentrum und ist es noch heute.

Auch der Kommunalverband Ruhr – dem mit der „Agentur Ruhr“ eine Konkurrenz von Düsseldorf aus verordnet wurde - hat seinen Sitz in Essen. Das Verbandsgebiet umfasst Bochum, Bottrop, Dortmund, Duisburg, Essen, Gelsenkirchen, Hagen, Hamm, Herne, Mülheim, Oberhausen und die vier Kreise Ennepe-Ruhr, Recklinghausen, Unna, Wesel. Die Aufgaben haben sich in den 80 Jahren des Bestehens beim KVR kaum verändert, allenfalls verschoben sich die Akzente. So wurde der KVR gerade jetzt bekannt durch die Mitwirkung am Riesenprojekt Internationale Bauausstellung Emscherpark. Der so lange vernachlässigten Region um den „Schmuddelfluss“ wurde ein neues Image verpasst: Industriebrachen mutierten zu Wohngebieten im Grünen und Werkshallen zu kulturellen Treffpunkten.

Die Luftbilder aus den Jahren 1925 bis 1938 – von Süd nach Nord geordnet – dokumentieren einen wegweisenden Abschnitt der Essener Geschichte, bei dessen Aufarbeitung mir Essens Stadthistoriker Ernst Schmidt unentbehrlicher Ratgeber war: Zeit der Probleme und des Umbruchs, Zeit der mutigen Entscheidungen, die Essen und die Region Ruhr zukunftsfähig machen sollten. Nicht immer ist das so gelungen, wie es sich die Handelnden aus Politik und Industrie damals vorstellten. Der Zweite Weltkrieg ließ Trümmer zurück, in denen zunächst nur Überleben angesagt war. Zukunftsplanung musste warten. Doch wer die Luftbilder von damals mit dem Augenschein von heute vergleicht, der wird bei aller nostalgischen Freude an den „alten Schätzchen“ erkennen: Das Revier und mitten darin die Stadt Essen haben es immer verstanden, Krisen zu meistern und nach vorn zu blicken. Gerade deshalb ist der (Luftbild-) Blick in die Vergangenheit so spannend.

Essen, im Sommer 2000 *Günter Streich*

Foto links: Essens jüngster Stadtteil **Kettwig,** 1975 eingemeindet, war und ist eine Idylle im Grünen. Das nutzte auch Wilhelm Zähres aus einer in Kettwig und Mülheim lange ansässigen Familie. Am Schmachtenberg zwischen Jungbornweg (1958 benannt) und Felkestraße (1955) eröffnete er 1908 die „Naturheilanstalt Kettwiger Jungborn GmbH“ (seit 1914 „Gesellschaft Stadtwald-Sanatorium GmbH“) auf eigenem Grund und Boden, auf dem er auch „Heil-Lehm“ fand. Zähres war als junger Mann von „Lehmdoktor“ Pastor Emanuel Felke von schwerer Krankheit geheilt worden, lernte Augendiagnose und Felkesche Naturheilmethoden und baute in Kettwig seine Licht-Luft-Hütten und das Sanatorium mit Ruhrblick. Das Sanatorium wurde bis 1958 betrieben, dann errichtete Familie Zähres mit Unterstützung der Stadt Kettwig auf dem Grundstück Wohnungen. Die Villa Zähres steht noch, ebenso das Denkmal für „meinen Lebensretter Emanuel Felke“.

Foto oben: **Wasserschloss Hugenpoet** an der August-Thyssen-Straße in Kettwig vor der Brücke. Der Name wurde nie ganz geklärt. Schon um 778 muss es hier an der Ruhr-Furt ein erstes Haus gegeben haben. 1427 ist ein Reinhard von Hugenpoet als Lehnsmann erwähnt. Das Schloss, als Wehranlage gebaut, wurde im 30jährigen Krieg verwüstet. Der Wiederaufbau – im Wesentlichen bis heute so erhalten – entstand zwischen 1647 und 1696. Bauherr war der Pfalz-Naumburgische Amtmann Johann Wilhelm von Nesselrode zu Hugenpoet. 1831 erwarb Friedrich Leopold von Fürstenberg das Anwesen durch Zwangsversteigerung. Es blieb im Besitz der Familie bis 1955 und wurde nach dem Krieg von der Stadt Essen genutzt. Ein Düsseldorfer Hotelier kaufte die Anlage, die als Familiensitz zu aufwendig war. Das prächtig ausgestattete Nobelhotel mit hübschem Garten und anerkannter Küche ist eine gute Adresse auch für Europas Adel.

Foto oben: **Schloss Landsberg**, gegenüber von Schloss Hugenpoet. Die Geschichte der Burg ist ab 1276 nachweisbar, die ihrer Vorgänger dürfte um einiges älter sein. Graf Gustav Adolf VI. ließ in jenem Jahr die Burg zum Schutz der Brücke über die Ruhr bauen. Im Jahr 1903 erwarb der Mülheimer August Thyssen das Schloss, das er zu einem prächtigen Herrensitz ausgestaltete. Hier wurde der Gründer eines der größten deutschen Montankonzerne nach seinem Tod 1926 auch beigesetzt. Nach verschiedenen Nutzungen – auch als Freizeitheim für Kinder – ist das renovierte Schloss heute Paradestück für Gäste des Hauses Thyssen, dient aber auch der Mitarbeiterschulung.

Foto rechts oben: Blick auf das noch sehr ländliche **Heidhausen.** Quer durchs Bild verläuft die 1922 so benannte Heidhauser Straße (B 224) zwischen Werden und Velbert. Links am unteren Bildrand das Rathaus Heidhausen, 1911 vom Architekten J. F. Happ erbaut. Hier residierte die Verwaltung der Bürgermeisterei Werden-Land („Siebenhonnschaften" links der Ruhr: Fischlaken, Hamm, Hinsbeck, Heidhausen, Holsterhausen, Klein-Umstand, Rodberg), die bis 1904 in Personalunion mit Werden-Stadt verbunden war. Bis zum Umzug ins eigene Rathaus amtierte Heidhausens einziger Bürgermeister Alois Schaphaus (1874 - 1951) in der Bismarckstraße (heute Wesselswerth) in Werden. 1929 wurde Heidhausen nach Essen eingemeindet. Rund um das eigene Rathaus erwarb die Bürgermeisterei etwa 280 Morgen Land für die Wohnbebauung.

Foto rechts unten: Unweit des **Rathauses,** auf der anderen Seite der Heidhauser Straße, steht seit fast 100 Jahren das **Kamillushaus** (links unterhalb der Mitte). Wie damals dient es auch heute der Entwöhnungs-Therapie Suchtkranker. Der Kamillanerorden ist nach wie vor Träger der Fachklinik Kamillushaus GmbH. 1901 wurde das Haus bezogen. Die Klosterkirche nebenan baute Architekt Peter Aßheuer aus Aachen in neugotischem Stil. Die Walcker-Orgel aus Ludwigsburg spielte bis 1971 – erst 1996 konnte sie restauriert werden. Der Hochaltar wurde 1907 von Vater und Sohn Peter Schneider errichtet und von Josef Pfefferle aus München vergoldet. Die Restaurierung von Kirche und Altar begann 1974. Nikolaus Bette aus dem Hespertal (Heidhausen) sorgte für die künstlerische Verglasung der Fenster. Die Gemeinde wurde 1923 Rektoratsgemeinde.

Vier Jahre nachdem diese Aufnahme (1927) entstand, begann der Bau des Baldeneysees. Hier fließt die Ruhr noch beschaulich zwischen Bauerngehöften dahin. Links unten die **Ausflugsgaststätte Baldeneyer Fähre**. Schloss Baldeney ist links zwischen den Bäumen zu sehen, der Fähranleger gleich neben der Gaststätte. In der zum See aufgestauten Ruhr verschwanden viele Gehöfte, so auch die rechts im Bild. Das Baldeneyer Fährhaus ist noch erhalten.

Blick von Westen auf das Ruhrtal bei Werden. Rechts die alte Abteistadt, mit der anderen Ruhrseite und dem Bahnhof durch die „Königsbrücke“ verbunden. Schon 1065 wird eine (Holz-)Brücke über die Ruhr erwähnt, sie stürzte 1399 ein. Ihre Nachfolgerin wurde durch das Hochwasser 1553 weggespült. Die dritte Brücke verfiel nach hoher Winterflut 1642. Als 1853 eine neue Brücke gebaut werden sollte, klagten 200 Ruhrfährleute vergeblich gegen die Vernichtung ihrer Arbeitsplätze. Die jüngste Brücke steht seit 1968.

Foto oben: Der **Baldeneysee** ist aufgestaut. Ruder- und Segelvereine bauten sich ihre Häuser. Quer durchs Bild verläuft die Eisenbahnlinie Heisingen – Werden. Heute ist hier der „Sportweg“ für Radler, Skater, Wanderer. Die Anlage des Vereinsheims hat sich kaum verändert. Beide Bilder wurden am 2. August 1935 aufgenommen.

Foto rechts: Zwei Jahre, zwischen 1931 und 1933, waren jeweils 2000 junge Männer auf der Baustelle **Baldeneysee** beschäftigt; insgesamt sollen es etwa 10000 Arbeiter gewesen sein, die an dieser frühen „Arbeitsbeschaffungsmaßnahme“ teilnahmen und buchstäblich mit Schippe und Spitzhacke das Bett für den acht Kilometer langen und bis zu 650 Meter breiten See aushoben. Dieser Stausee der Ruhr war als Absinkbecken für Schwebstoffe des Flusses gedacht - und er hat sich, wie so viele Ruhrstauseen, zum Freizeitparadies entwickelt. Die Gastronomie breitete sich am See aus. Die Narben, die die Bauarbeiten der Natur des Ruhrtals geschlagen hatten, sind noch deutlich erkennbar. Der See entstand nach den Plänen des Wasserbauingenieurs Dr. Karl Imhoff (Ruhrverband). Am 1. Mai 1933 fuhr das erste Fahrgastschiff. Die Verkehrsgesellschaft Baldeney hatte von Krupp Fährboote erhalten - im Tausch gegen Freifahrtscheine für die Krupp-Mitarbeiter; acht neue Boote kaufte man aus Königswinter hinzu.

1200 Jahre **Werden** wurde im Jahr 1999 gefeiert: Bischof Liudger hat das Kloster Werden im Jahr 799 gegründet. Werden gilt nach wie vor als Essens schönster Stadtteil, obwohl viele alte Fachwerkhäuser nur noch Erinnerung sind. Das Bild ist 1927 aufgenommen. Die Königsbrücke über der Ruhr wurde 1933 abgerissen und im gleichen Jahr durch einen Neubau ersetzt. Links in der Ruhr die Brehminsel, Mitte rechts die Abteikirche. Werden wurde 1929 nach Essen eingemeindet.

Eine Ausflugsgaststätte der besonderen Art war das **Waldhaus im Stadtwald** an der Ägidiusstraße, oberhalb der Kluse. Vor allem die weniger begüterten Familien aus dem Essener Norden führten ihre Kinder an besonderen Tagen hierher. Erstens: „Hier dürfen Familien Kaffee kochen" – und zweitens gab es eine Reitbahn an der heutigen Mondscheinwiese. Von der Straßenbahnhaltestelle Flora aus durch den Kruppschen Altenhof, über Eichenstraße und Waldtheater war das Waldhaus gut zu erreichen. Das Gebäude wurde nach dem Zweiten Weltkrieg als Sitz der Vogelschutzwarte Essen-Altenhundem genutzt, später vom Landesverband NRW der Schutzgemeinschaft Deutscher Wald. Nach gründlichem Umbau ist es seit Sommer 2000 Zuhause für eine Heimkindergruppe aus dem städtischen Kinderheim Haus Hoheneck.

Nach wie vor beliebt ist die **Ausflugsgaststätte „Schwarze Lene"** über dem Baldeneysee im Essener Stadtwald. Anna Magdalena Bramkamp, geb. Plückthun, (1777 bis 1857) war erste Wirtin. Der sogenannte „Trampelklub" gab diesem Treffpunkt den Namen „Schwarze Lene", weil Wirtin Lene Bramkamp pechschwarze Haare hatte. Der „Trampelklub" bestand aus wanderfreudigen Essener Persönlichkeiten aus Politik und Wirtschaft, zum Beispiel Alfred Krupp, Freiherr von Hövel, Karl Julius Schulz, Hermann Heilermann, Adolf Knaudt.

Mitte der 20er Jahre sah **Kupferdreh** so aus: Ein Straßendorf, das sich allmählich in die Breite des Ruhrtals entwickelte. Das Bild mit dem Marktplatz als Mittelpunkt zeigt den Blick Richtung Südosten (Langenberg, Wuppertal). Kupferdreh erlangte besondere Bedeutung als Knotenpunkt sowohl der Eisenbahn im bergisch-märkischen Raum als auch der Ruhrschifffahrt vor allem für Kleinindustrie und frühe Stollenzechen des Ruhrtals. Bildmitte unten: Neben der kleinen Kastanienallee die Rangieranlage der Bahn, ganz rechts am Bildrand Anlagen der Zeche Prinz Friedrich, Ende der 60er Jahre abgerissen. Hier siedelten sich Gewerbebetriebe an.

Kupferdreh rund um das gerade gebaute **Stadion am Hinsbecker Berg** im Jahr 1926. Im unteren Bildteil quer verlaufend die Kupferdreher Straße, heute parallel dazu die Bundesstraße 227. Unterhalb der Straße die Seidenweberei Colsmann. Oberhalb des Stadions in der Bildmitte die Siedlung Marienbergstraße, um 1908 entstanden. Die weitere, dichtere Bebauung im Ortskern folgte erst nach dem Zweiten Weltkrieg. Das Bild wurde über der Ruhr in Blickrichtung Osten aufgenommen. Im Hintergrund Niederwenigern und das beginnende Bergische Land.

Foto oben: Über der Erde – unter der Erde: Der Flughafen und die Zeche. Der **Flughafen Essen/Mülheim** auf dem Gebiet beider Städte wurde 1925 mit einem Volksfest eingeweiht. Er diente ausschließlich der Zivilluftfahrt und hatte den Vorzug – gegenüber den tieferliegenden Flughäfen des Rheinlandes – häufiger nebelfrei zu sein. Die Lurag (Luftverkehrsgesellschaft Ruhrgebiet) bot von ihrem Zentralflughafen, dem größten des Ruhrgebiets, einen Flug nach Berlin in vier Stunden an. 1935, als diese Aufnahme entstand, wurden rund 2000 Starts und Landungen gezählt. Heute dient der Flugplatz der Sportfliegerei und (kürzeren) Geschäftsflügen sowie als Standort von Luftschiffen. Der Streit um weitere Nutzung oder gar Ausbau zwischen Anwohnern und innerhalb der Gesellschafter Essen, Mülheim, Land Nordrhein-Westfalen ist noch nicht entschieden.

Foto links: **Zeche Adler im Deilbachtal bei Kupferdreh.** Sie entstand aus der Zusammenlegung mehrerer sehr kleiner und alter Zechen. Der Tiefbauschacht wurde 1906 geteuft, 1908 ging eine Brikettfabrik in Betrieb. 1912 erreichte Adler mit 900 Beschäftigten eine Kohleförderung von 329000 Tonnen. Bereits 1925 musste der Betrieb wegen großer Absatzschwierigkeiten für drei Monate eingestellt werden. Die Zeche erholte sich nicht mehr und wurde 1930 stillgelegt. Das Bild von 1926 zeigt hinter der Zeche die Brennöfen einer Ziegelei. Das gesamte Gelände wird heute von den Steinwerken genutzt. Das Verwaltungsgebäude der Zeche Adler allerdings (auf der linken Seite der Straße) ist jetzt ein Seniorenheim. Das Foto macht deutlich, wie dicht die Bergwerke an den Wohnsiedlungen lagen.

Am nördlichen Ufer des Baldeneysees arbeitete die **Zeche Carl Funke im Stadtteil Heisingen**. Das Bild entstand 1926 oder 1927, also vor Anlage des Sees. Carl Funke (1855 - 1912) gilt als einer der bedeutendsten Wirtschaftspioniere. Er gründete die Essener Steinkohlebergwerke und war Stadtverordneter sowie Präsident der Industrie- und Handelskammer zu Essen. Die Zeche – gebaut an einem Ort, an dem Stollenbergbau lange bekannt war – wurde 1897 geteuft und entwickelte sich zu einer der größten Tiefbauzechen Essens. 1973 wurde sie stillgelegt. 1985 folgte der Abriss der Anlagen bis auf das Fördergerüst im Bild ganz links unten. Es blieb als Industriedenkmal in der Grünanlage, die die neuen Kleingärten umgibt, erhalten und erinnert an die Bergbaugeschichte des Ruhrtals. Zeche Carl Funke hatte eine Verbindung unter dem Baldeneysee zur Zeche Pörtingssiepen am anderen Ruhrufer in Kupferdreh.

Die **Ortsmitte von Heisingen,** ganz links die katholische Pfarrkirche St. Georg. Der Stadtteil liegt auf den Ruhrhöhen in einer Flussschleife. Unterhalb von Heisingen wurde der Baldeneysee aufgestaut. Das Bild zeigt, dass der Ort zur Zeit der Aufnahme noch wenig bebaut ist. Neben den Häusern sieht man Gärten, die nicht nur der Erholung dienten, sondern auch dem Obst- und Gemüseanbau. Heute sind es Ziergärten – und Heisingen hat sich zu einem beliebten Wohnstadtteil gewandelt, der sich so ein bisschen Dorfcharakter bewahrte. Heisingen gehörte ursprünglich zur Bürgermeisterei Kettwig-Land, ab 1876 zur Landbürgermeisterei Rellinghausen. Als Rellinghausen 1910 nach Essen eingemeindet wurde, erhob man Heisingen zur selbstständigen Bürgermeisterei, die dann 1929 auch nach Essen eingemeindet wurde.

ESSEN-HEISINGEN

Der **Baldeneysee** ist aufgestaut, ein Boot treibt auf den Anleger am **Heisinger Fährhaus** zu. 1935 entstand diese Aufnahme. Wenige Meter hinter dem Uferstreifen verläuft die Eisenbahnlinie Kupferdreh – Heisingen – Werden. Der Bahnhof Heisingen gibt sich sehr bedeutsam. Ein Schriftzug weist auf ihn hin und ist ein unübersehbares Merkmal für den Luftbildfotografen. Dieser Teil der alten Bahntrasse ist heute ein Radwanderweg und auf dem freien Feld rechts oben wenden jetzt die Busse der Essener Verkehrs AG an der Endhaltestelle Heisingen Baldeneysee. Der Name des Sees geht auf einen ehemaligen adligen Rittersitz zurück. Haus Baldeney und die Kapelle aus dem 14. Jahrhundert sind noch erhalten. Die „Seeterrassen Schloss Baldeney" sind ein beliebtes Ausflugslokal.

Foto links: Eine Siedlung in eigenwilliger Form entstand in den dreißiger Jahren in **Haarzopf**. Wie ein Hufeisen umschließt die Straße „Am Ruhmbach" die damals noch einheitlich aussehenden kleinen Häuser. Hier der Blick von Nordwesten: in der Mitte die Straße Fängershof, oben quer durchs Bild verlaufend die Raadter Straße, die rechts zum Flughafen Essen/Mülheim führt. Der Ruhmbach (oder Rumbach) bildet zusammen mit dem Steinbach im Grenzgebiet zwischen Essen und Mülheim ein unter Naturschutz stehendes wunderschönes Wandergebiet. Die Häuser der Siedlung sind längst nach individuellen Wünschen neugestaltet. Die Aufnahme stammt von 1938.

Foto oben: Im August 1927, als die Aufnahme entstand, war der **„Ruhrstein"** nur noch Ausflugs- und Vergnügungsgaststätte. Das einst „auf das Comfortabelste ausgestattete Luftkurhaus" in **Bredeney** war 1896 in einer neun Morgen großen Parkanlage von Bauunternehmer A. Diehl und Baurat A. Philippi errichtet worden. Sie hatten acht Hektar Land zum Preis von 17 Mark pro Rute von Gutsbesitzer Wilhelm Ostermann gekauft und um das Kurhaus eine Villenkolonie errichtet. Von 1897 bis 1911 fuhr die Straßenbahn von Essen zum Endpunkt Ruhrstein. Bredeney, 1915 eingemeindet, entwickelte sich zum Prominenten-Wohnort.

Oberhalb der Ruhr thront auf einem Hügel das **„Krupp-Schloss“,** von seinem Erbauer Alfred Krupp, der 1870 den Grundstein legte, als „standesgemäßes Wohnhaus“ bezeichnet. Die Villa hatte einen Vorgänger, das Landhaus auf dem Hügel, von Krupp 1864 umgebaut und vergrößert. In die Villa zog Krupp, inzwischen einer der mächtigsten und reichsten Männer Deutschlands, 1887. Er hatte als 14-jähriger 1826 die väterliche Gussstahlfabrik mit sieben Arbeitern und 10 000 Talern Schulden übernommen. Der „Hügel“, von einem Park umgeben, für den Krupp Bäume aus aller Welt heranschaffen ließ, war Treffpunkt der Herrscher der Welt, für die ein eigener „Bahnhof Hügel“ gebaut worden war. Heute ist die in verschiedenen Stilen gebaute Villa Hügel Ort für internationale Ausstellungen, Konzerte und Kongresse. Einst hatten 70 Hausangestellte die 220 Räume in Schuss zu halten...

Burgaltendorf hieß vor der Eingemeindung nach Essen 1970 Altendorf/Ruhr. Da Essen bereits einen Stadtteil dieses Namens hatte, wurde der „neue“ in Burgaltendorf umgetauft. Auch der Bereich auf diesem Bild musste sich eine Umbenennung gefallen lassen: Von „Im Haferfeld“ in „Haverkamp“. Essen-Freisenbruch hat eine Straße Im Haferfeld. Die Burg Altendorf ist wahrscheinlich im 12. Jahrhundert als Sperrfestung gegen die Grenzpolitik Heinrichs des Löwen errichtet worden. Ab 1252 werden die Herren von Altendorf als Lehnsmänner der Grafen von der Mark erwähnt. Nach 1500 baute der kaiserliche General Christopher von Vietinghoff gen. Schell die Burg nach neuesten Erkenntnissen der Festungsbaukunst um. An den Ruinen ist vor allem der viereckige Wohnturm bemerkenswert: Er ist der letzte dieser Größe zwischen Rhein und Weser, der noch steht (im Bild oben rechts vor den Feldern).

Zeche Pörtingssiepen in Heidhausen-Fischlaken. Schon 1578 ist der Steinkohlenbergbau in diesem Bereich urkundlich erwähnt. 1777 verlieh der Werdener Abt erste Konzessionen zum Abbau. Die Anlage wuchs und übernahm Felder kleinerer Zechen, gliederte aber 1906 Gottfried Wilhelm als eigene Anlage aus. 1907 erfolgte der Durchschlag nach Carl Funke auf der anderen Ruhrseite, 1964 der zweite auf einer tieferen Sohle. Die Verbundanlage Ver. Pörtingssiepen/Carl Funke der Ruhrkohle AG wurde 1973 stillgelegt – betroffen davon waren 1150 Mitarbeiter. Heute ist das Zechengelände Naherholungsgebiet. Das Foto entstand 1926.

Im Mittelpunkt des Bildes von 1925: Die **Stadtwald- oder Eyhofsiedlung.** Sie wurde nach dreijähriger Bauzeit 1924 bezogen. Architekt Josef Rings hatte die Anlage bewusst in dieser außergewöhnlichen Form entworfen. Es ist eine der städtebaulich bedeutsamsten Genossenschaftssiedlungen Essens. Die Baulandpreise in Stadtwald, am Rande der Stadtbebauung, waren sehr günstig. Der Eyhof – nach dem einst hier stehenden Bauernhof benannt – war der erste Baustein des heutigen äußeren Siedlungsgürtels der Stadt. Mittelpunkt der Siedlung ist der „Grünhof", ein unbebauter, mit Bäumen umstandener Architekturplatz.
Im Hintergrund Zeche Ludwig an der Rellinghauser Straße, vorn diagonal Frankenstraße.

Foto links oben: Mitten im Schellenberger Wald in **Rellinghausen** wurde 1907 dieser Schacht der **Zeche Gottfried Wilhelm,** seit 1859 in Betrieb, abgeteuft. Da halfen auch Proteste des Waldeigentümers Baron von Vittinghoff-Schell nichts – aber sie blieben nicht ganz erfolglos: Das „Elend im Walde", wie der Pütt wegen des wenig ertragreichen Abbaus genannt wurde, durfte hier nur fördern. Die Kohle musste per Seilbahn 1,5 Kilometer weit zur Frankenstraße zur Aufbereitung transportiert werden. Und: Die Förderanlage durfte nur mit geräuscharmen elektrischen Maschinen betrieben werden. Umweltschutz 1907! Heute hat der Wald die Wunden der Industrie längst überwuchert. Hinten links die Siedlung Gottfried Wilhelm vor dem Ruhrbogen an der Hexentaufe.

Foto links unten: Die **Zechensiedlung Gottfried Wilhelm in Rellinghausen,** Blickrichtung Nordwesten. Das Schulgebäude in der Mitte (mit Uhrenturm) der Rübezahlstraße dient heute als „Kunsthaus Essen" bildenden Künstlern, Vereinen und Gruppen. Hinten an der Frankenstraße die Zechen Gottfried Wilhelm und Schnabel im Osten. Die Siedlungshäuser gingen nach Stillegung der Zeche Gottfried Wilhelm 1958 in Eigentum – zumeist der Bewohner – über. In den 80er Jahren wurde die Kolonie unter Denkmalschutz gestellt und damit „in ihrer harmonischen Einheit" und dem „charakteristischen Ortsbild" erhalten. Siedlung und Zeche tragen die Vornamen des angesehenen und erfolgreichen Essener Unternehmers Gottfried Wilhelm von Waldthausen.

Foto oben: Die **Krupp-Siedlung Alfredshof,** in zwei Abschnitten in **Holsterhausen** und **Frohnhausen** nach der Jahrhundertwende gebaut. Vorn diagonal durchs Bild verläuft die Kruppstraße, heute der Graben der A 40. Die große Straße, die das Bild im oberen Teil quert, ist die heutige Martin-Luther-Straße. Sie hieß damals noch Hobeisenstraße nach der Zeche, die ab 1750 geteuft wurde. Die Grubenfelder gingen später an die Zeche Hagenbeck. Ein Hobeisen-Schacht (= Hohe Beisen, Binsen) lag an der Keplerstraße/Wöhlerstraße. Mitte oben im Bild die Kruppsche Widia-Fabrik, 1926 in Betrieb genommen. Die Siedlung, nach Alfred Krupp benannt, hieß bis 1914 nur Alfredshof, erst danach erhielten die einzelnen Straßen eigene Namen. Ein Teil der Anlagen ist bis heute erhalten, so auch das Torhaus mit dem Durchgang in der Bildmitte. Manche der alten Bauten dieser typischen Stadtkolonie der Jahrhundertwende fielen aber auch dem Bau der A 40 zum Opfer oder sind durch weit weniger schmucke Wohnblöcke ersetzt worden.

Seite 36/37
Messe Essen und Gruga bei der Reichsgartenschau 1938. Die Messe entstand bereits 1913 durch die „Essener Gewerbeschau GmbH", die Gruga 1929 aus der Großen RUhrländischen GArtenbau-Ausstellung. Vor dem Messe-Haupteingang, Bildmitte nach links verlaufend, die Norbertstraße, hinter den Messehallen die Gruga. Gleich hinter dem damaligen Messe-Eingang steht heute die Grugahalle.

AUSSTELLUNG

Foto oben: Ein Bild (vermutlich) aus dem Jahr 1927: Die **neue große Messehalle** wird gebaut. Auf ihren Fundamenten entstand 1958 die **Grugahalle,** wegen ihrer eigenwilligen Tribünenbauten auch „Schmetterlingshalle“ genannt. Diagonal von links nach rechts verlaufend, die Alfredstraße. Die Gruga, „das Blumenparadies mitten in der Stadt“, die Messe und die Grugahalle mit ihren Sport-, Show- und Musikveranstaltungen bestimmen auch heute in besonderem Maße das Leben im Stadtteil Rüttenscheid.

Foto rechts: Vom 28. April bis 9. Oktober 1938 besuchen trotz schlechten Wetters 2,8 Millionen Menschen die zur **„Reichsgartenschau“** auf 48 Hektar vergrößerte Gruga. Die Restaurants boten Platz genug. Der damalige Radioturm wurde jetzt, im Jahr 2000, renoviert, und ist wieder Aussichtsplattform. Vor dem Turm ist heute das **Restaurant Großer Blumenhof,** an der Stelle der damaligen Terrassen-Gaststätte rechts befindet sich heute die Orangerie. Links neben dem Turm die Dahlienarena. Der Haupteingang zum Park ist 1938 zur Lührmannstraße verlegt worden und rückte erst mit dem Bau der Grugahalle 1954 an seinen jetzigen Platz. Anstelle des alten Eingangs entstand die Ausstellungshalle 10.

Im Bildmittelpunkt das **„Glückaufhaus“**, 1923 als Bürohaus gebaut, bis heute nahezu unverändert erhalten. Es diente und dient vornehmlich bergbaulichen Vereinigungen. Im Jahr 1937 allerdings, als diese Aufnahme entstand, saß hier die Gauleitung der NSDAP. Im – ebenfalls noch vorhandenen – Kino links neben dem Bürohaus spielte gerade der Leni-Riefenstahl-Film „Olympia – Fest der Völker und Fest der Schönheit“, der Propagandafilm der Olympischen Spiele Berlin 1936. Oberhalb des Glückaufhauses die Erlöserkirche an der Goethestraße, rechts davon das Türmchen am Haus des „Vereins für die bergbaulichen Interessen“ an der Kreuzung Friedrich- und Bismarckstraße. Vor dem Glückaufhaus links die Rüttenscheider Straße, rechts (mit der Straßenbahn) die Huyssenallee.

Foto oben: Zwischen 1928 und 1930 entstand die **Hirtsiefer-Siedlung an der Bockmühle in Altendorf.** Architekt Theodor Suhnel verwirklichte hier sein Konzept einer geschlossenen Anlage mit symmetrisch angeordneten Bauten, Begrünung und Freiflächen. Die breite Straße links hieß damals noch Mercatorstraße, sie wurde erst am 29.08.1946 nach dem Mitgründer Heinrich Hirtsiefer benannt. Der christliche Gewerkschaftler, Stadtverordnete und preußische Minister (1921 - 1933) erlitt übelste Demütigungen durch die Nazis. Hirtsiefer wohnte im Eckhaus an der ersten kleinen Straße, die von der großen Allee nach links abbiegt. Sie heißt seit 1977 Mercatorstraße und hieß bis dahin Leibnizstraße. Die von den frühen Bewohnern als Ehrung für Hirtsiefer „Minister-Kolonie" genannte Anlage wurde jetzt von Grund auf renoviert. Bildmitte vorn: Brücke Altendorfer Straße über die Eisenbahnlinie Essen-Altendorf - Mülheim.

Foto rechts oben: An der Stelle der **Ringofenziegelei** links steht heute das **Huyssensstift.** Dieses Krankenhaus, 1854 in Betrieb genommen, stand ursprünglich am Hauptbahnhof Essen; Stifter war Gewerke und Bürgermeister Heinrich Huyssen. 1936 wurde das Haus abgetragen und hier in Huttrop an der Henricistraße (vor der Ziegelei) wieder aufgebaut. Am Bahnhof entstand der Platz, den die Essener bald „Freiheit" nannten und der noch heute so heißt. Rechts in dem in Blickrichtung Südost aufgenommenen Bild vom August 1927 einige Häuser des Moltkeviertels.

Foto rechts unten: Der Bereich zwischen Steeler Straße und Parkfriedhof um 1930. Hier stand der Stattropshof, der seit 1332 in Familienbesitz war. Von diesem Hof ist nichts mehr erhalten; er lag etwa hinter der Kapelle des Südeingangs des Parkfriedhofs, für dessen Erweiterung der 60 Morgen große Hof 1927 an die Stadt verkauft wurde. Josef Stattrop erwarb bei Coesfeld einen Hof und starb dort 1978. Ein Teil des Parkfriedhofs heißt noch Stattrops Aue. Südlich des Friedhofs entstanden vor allem nach dem Krieg neue Siedlungen.

Das **Straßendreieck Brunnenstraße (links) – Kaiserstraße,** die in diesem Abschnitt seit März 1978 Hohenzollernstraße heißt. Links der Stadtgarten; die Villen sind teilweise heute noch so erhalten. Gut erkennbar auch die „Patrizierhäuser“ an der noch mit Bäumen bestandenen Kaiserstraße. Später verlief hier der Ruhrschnellweg, der ab 1970 per Tunnelstrecke durch die Innenstadt führte. Im Stadtgarten gab es Mitte des vorigen Jahrhunderts einen Steinbruch (in dem später ein heute nicht mehr vorhandener Teich entstand), in dem die Stadt Brunnen zur Wasserversorgung der Bevölkerung anlegen wollte. Daraus wurde nichts; die Brunnenstrasse erinnert an diese Pläne.

Foto Seite 45: **Moltkeviertel** 1927. Es entstand zwischen 1910 und 1935 als komplett durchgeplantes Wohnviertel mit für das Ruhrgebiet zukunftweisender Konzeption. Robert Schmidt, Essens Beigeordneter, hatte mitgeplant: Gestaltung der Plätze und Grünanlagen, Festlegung der Baufluchten, Bepflanzung der Vorgärten folgten seinen bürgerlich-sozialreformerischen Ideen und Zielen. In den Achtzigerjahren gelang es der „Aktionsgemeinschaft zur Erhaltung des Moltkeviertels“ das Stadtquartier mit hoher Wohnqualität vor dem geplanten Abriss zu bewahren. Bildmitte, an der Ecke Moltkestraße – Robert-Schmidt-Straße (bis 1930 Teil der Wallotstraße), die von Eduard Körner 1910 konzipierte Baugewerkschule, später Staatliche Ingenieurschule für Bauwesen, heute Kaufmännische Schule der Stadt Essen. Quer durch das Bild verläuft die Schinkelstraße. Hier wohnte Gustav Heinemann, Oberbürgermeister in Essen, Minister in Bonn, Bundespräsident.

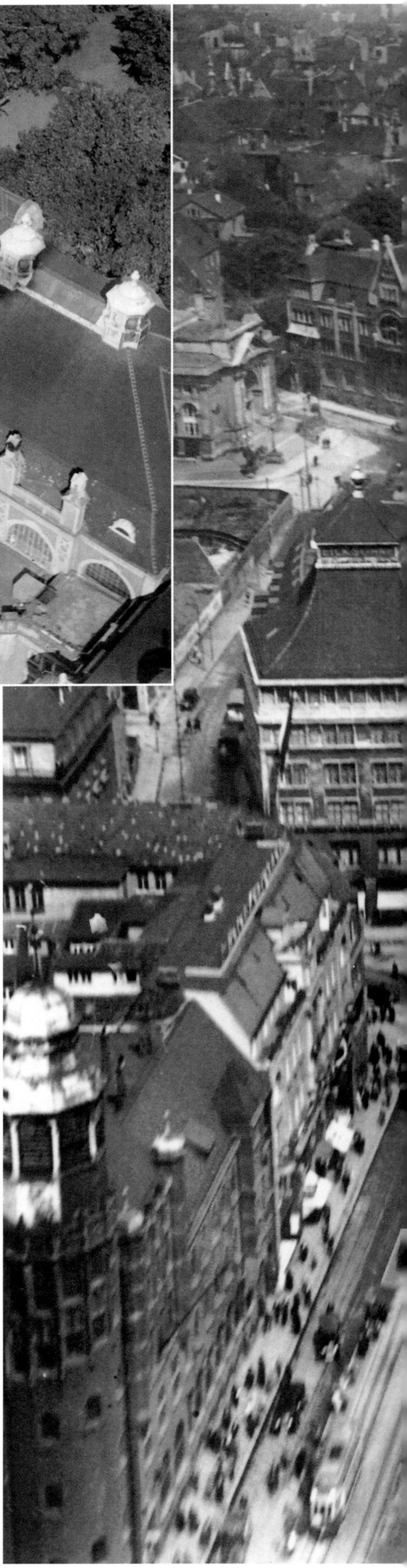

Foto oben: Ein historisches Dokument vom 17. September 1925: Paul von Hindenburg, gerade Reichspräsident geworden, kommt bei seinem Besuch in der Stadt, die ihn später zum Ehrenbürger ernennt, am **Saalbau** an. Die Menschen drängen sich an der Huyssenallee gegenüber dem größten Konzert- und Festsaal Essens. Der Saalbau hatte verschiedene Vorgänger und soll demnächst komplett erneuert werden. Hindenburg wurde von Reichskanzler Luther, dem ehemaligen Essener Oberbürgermeister, begleitet. Anlass des Besuchs: „Befreiungsfeier" von zweieinhalb Jahren französischer Besatzung.

Foto rechts: Blick 1927 vom Essener Hauptbahnhof auf den **Bahnhofsvorplatz** mit dem **Hotel Handelshof,** dem Geburtsort des unvergessenen Schauspielers Heinz Rühmann. Rechts neben dem Haus führen heute Treppen zum Hotel Essener Hof (früher Hotel Vereinshaus) hinunter. Ganz rechts das Haus der Technik, früher Essens Börse. Links die alte Hauptpost, die bis 1933 so aussah. Dahinter das Hotel Königshof (früher Grand Hotel Royal), dann – mit dem Pagodendach – das von Georg Metzendorf, dem Erbauer der Margarethenhöhe, geplante Eickhaus, benannt nach der Firma H. Eick & Söhne.

HOTEL HANDELSHOF

Das sogenannte **„Bankenviertel"** der Essener Innenstadt 1927. Diagonal die Lindenallee, links unten die Maxstraße. Sparkasse und Deutschlandhaus am heutigen Hirschlandplatz sind noch nicht gebaut. Hinter den Bäumen (links am Bildrand) sieht man das Grillo-Theater, vom Unternehmer Friedrich Grillo der Stadt per Testament geschenkt. Es wurde nach seinem Tod 1888 gebaut. Vor den Bäumen das Dreieck des Hotels Kaiserhof (heute BfG-Bank), unten links die Kuppel der Deutschen Bank, damals Essener Credit Anstalt. Oben rechts Haus der Technik und Handelshof.

Foto oben: Älter als alle anderen Aufnahmen dieses Buches: Dieses Luftbild wurde bereits 1910 aus dem Ballon aufgenommen und zeigt die Fronleichnamsprozession. Im Mittelpunkt **Johanniskirche** und **Domkirche** (seit 1958 ist Essen Bistumssitz), links der Burgplatz (der demnächst wieder einmal umgestaltet wird). 1910 steht das Kaiser-Wilhelm-Denkmal noch in der Platzmitte, links davon das alte Heimatmuseum – dort steht heute die Lichtburg, das Kino, das Filmgeschichte geschrieben hat und einst das größte Lichtspieltheater in Deutschland war. Baedekerhaus und Kaufhaus Blum (später Loosen, jetzt P & C) befinden sich noch nicht an der Burgstraße, die heutige Kettwiger, Bummelmeile der Einkaufsstadt Essen. Das Münster (Domkirche) war eine Stiftung von Bischof Altfried von Hildesheim, der 859 hier auch das adlige Damenstift ins Leben rief.

Foto rechts: So sah die **Essener Innenstadt** 1927 aus. Nicht eben viel ist davon geblieben. Mitte oben die Alte Synagoge, 1913 eröffnet, nach den Plänen von Edmund Körner als eine der größten Synagogen Europas erbaut, heute Gedenkstätte an die Opfer und Verfolgten der Naziherrschaft. Daneben rechts die altkatholische Kirche Bernestraße. Links neben der Synagoge erhebt sich heute das Essener Rathaus mit dem City-Center, dahinter das Alfredviertel. Der Krieg hat die dichte Bebauung dieses Innenstadtbereichs zerstört. Mitte rechts mit dem eckigen Turm das Keramikhaus. Am unteren Bildrand Turm des „Colosseum", eines weit gerühmten Vergnügungs-Etablissements am Kopstadtplatz. Das halbrunde Haus links davon ist eines der wenigen, deren Fassaden auch heute noch größtenteils erhalten sind (Rottstrasse).

Dicht an die Innenstadt rückten die frühen Zechen: Der Bergbau musste seine Anlagen nach den Fundstellen der Kohle errichten. **Zeche Graf Beust,** nach einem Berghauptmann benannt, ist die älteste „Stadtzeche“. 1842 begann die Förderung. Die Tagesanlagen wurden 1929 stillgelegt, die Kohle durch andere Zechen abgebaut. Graf Beust war die größte der frühen Revierzechen. Von den alten Anlagen sind nur zwei Gebäude erhalten: Die auf dem Foto ganz links. Das Gelände zwischen Goldschmidt- und Gerlingstraße wird heute vielfältig genutzt, auch von der Essener Verkehrs AG.

Foto oben: Das Bild aus dem Jahr 1926 zeigt den **Krayer Volksgarten.** Die Gemeinde hatte ihn ab 1912 auf dem vom ehemaligen Gutshof Mundscheidt erworbenen Gelände angelegt. Man nutzte das wellige Gelände und die Quellen bei der Gestaltung, die beiden Teiche sind noch vorhanden. Die Bebauung rund um den Park ist heute natürlich dichter. Zur Orientierung: Vorn rechts verläuft jetzt die B 40 fast parallel zur Ottostraße; links Krähenbusch, hinten Grimbergstraße. Im Hintergrund Zeche Bonifacius.

Foto rechts: **Zeche Bonifacius I und II in Kray,** Zustand 1926, Blickrichtung Nordwest. Die Zeche, deren Baureste unter Denkmalschutz stehen, förderte von 1863 bis 1966. Heute nutzen Gewerbetriebe das Gelände; in den Zechengebäuden befinden sich Tennishallen. Bonifacius ist ein gutes Beispiel für den „Pütt“, der auf der grünen Wiese entstand – und zu dem eine eigene Bergarbeitersiedlung gehörte. Die Häuser waren in Größe und Ausstattung streng hierarchisch geordnet: Vorn Villen der Betriebsdirektoren, dann die (etwas kleineren) der Ingenieure und Steiger, dahinter die gleichförmige „Kolonie“ für die „normalen“ Bergleute. Die Siedlung ist nach wie vor beliebter Wohnplatz – heute mitten im Grünen.

Kaum wiederzuerkennen: Die Aufnahme aus dem Jahr 1926 zeigt den **Bahnhof Kray-Süd** an der Bahnlinie Wattenscheid – Essen-Hauptbahnhof. Der Abzweig links schloss das Fabrikgelände der Westdeutschen Eisenwerke AG (später Buderus) an, von Albert Eckenberg 1898 gegründet (Eckenbergstraße). Dieser Bahnabzweig kreuzt die Straße Am Zehnthof. Parallel zum Hauptgleis ist heute der Straßenzug Schöllerskampstraße – Wattenscheider Straße.

Zeche Kronprinz an der Aktienstraße – Lautstraße in Bedingrade/Schönebeck. Das Bild, Blickrichtung Nordosten, zeigt die 1835 geteufte Zeche, die später mit der Mülheimer Anlage Rosenblumendelle-Wiesche verbunden wurde. Kronprinz erlangte besondere Bedeutung, weil Franz Haniel hier erstmals der Versuch gelang, mit Hilfe der Dampfmaschine die Mergeldecke zu durchstoßen: Der Beginn des Tiefbaus. Die Bergbaubetreiber bauten 1838/1839 die Aktienstraße (rechts diagonal im Bild), um die Essener Fettkohlenzechen bequem dem Mülheimer Ruhrhafen anschließen zu können. Bis in die zweite Hälfte des 19. Jahrhunderts musste für die Nutzung dieser ausgebauten Straße „Chausseegeld" gezahlt werden.

Die **Zeche Carolus Magnus in Bergeborbeck** förderte erstmals 1846 über einen Schürfschacht. 1929 wurden 409000 Tonnen Kohle ans Tageslicht gebracht und in der eigenen Kokerei 107000 Tonnen Koks erzeugt. Ein Luftangriff zerstörte die Tagesanlagen 1944, doch schon 1946 wurde wieder gefördert: Kohle zum Aufbau des Landes war gefragt. Dennoch machte Carolus Magnus 1951 endgültig dicht; die schweren Kriegsschäden waren nicht völlig zu beheben. Heute wird das Gelände von Klein- und Mittelbetrieben genutzt.

Im Vordergrund des Bildes die Gleise der Köln-Mindener Eisenbahn am Bahnhof Bergeborbeck. Die Zechenbahn, die die Bergwerke und die Eisenhütte Phönix (oben rechts die Schlackenhalde) verband, hatte Anschluss. Auf der Phönix-Halde entstand Essens erster Naherholungs-Park nach dem Zweiten Weltkrieg. Oben Mitte: Der kleine Sportplatz des Fußballvereins Rot-Weiss Essen. Hier steht heute das Georg-Melches-Stadion.

Unmittelbar neben dem Ortskern von Essens größtem Stadtteil **Borbeck** stand die **Zeche Wolfsbank.** Die erste Stollenzeche dieses Namens, Mitte des 18. Jahrhunderts erwähnt, lag nahe dem Hof Wolf in Schönebeck. Franz Haniel hauchte den vergeblichen Bemühungen um geordneten Abbau neues Leben ein. Schacht Wolfsbank 1 nahm 1844 an neuer Stelle – eben in Borbeck – die Förderung auf, 1875 die Kokserzeugung. Höchste Beschäftigtenzahl: 2370 im Jahr 1950. Höchste Förderung: 666000 Tonnen im Jahr 1937. Geschlossen wurde Wolfsbank 1966. Danach siedelte sich hier Gewerbe und Kaufmannschaft an und es wurden neue Wohnblöcke gebaut. Unser Bild zeigt Zeche und Kokerei Wolfsbank von Südosten, im Vordergrund die Bocholder Straße.

Foto links: Vom größten und modernsten Bergwerk Europas zum Weltkulturerbe: **Zeche Zollverein in Stoppenberg/Katernberg** ist das gelungen. 1847 begann die Teufe des ersten Schachtes; zwölf Schächte wurden es im Laufe der Geschichte dieses Bergwerks. Der berühmteste ist der Schacht 12 (Foto links): Nach den Bauhaus-Plänen der Architekten Fritz Schupp und Martin Kremmer entstanden die Kuben der Zentralförderanlage mit dem weltbekannten Doppelbockgerüst. 1932 ging die mit allen neuesten technischen Errungenschaften und bis ins kleinste Detail durchkomponierte Anlage in Betrieb. Der angestrebte Rationalisierungserfolg stellte sich bald ein. Seit der Stilllegung zum Jahresende 1986 hat Essen, einst größte Bergbaustadt Europas, keine fördernde Anlage mehr. Zollverein ist heute mit seinen Nebenanlagen und der Kokerei Mittelpunkt neuer Industriekultur. Theater und Ausstellungen, Choreografisches Zentrum und Designzentrum NRW, Konzerte und Künstlerateliers, Bürgerbegegnungen und vieles mehr sind hier zu Hause.

Foto oben: Im Gegensatz zu Zollverein 12 ist die **Zeche Friedrich Ernestine** – hier eine Aufnahme von 1932 – nicht durchgeplant, sondern je nach Bedarf erweitert und ausgebaut worden. 1871 nahm das Bergwerk die Förderung auf, 1963 wurde es stillgelegt. Zwischen 1967 und 1975 entstand hier das Gewerbegebiet Ernestinenstraße. Zur Orientierung: Blick nach Nordwesten; im Vordergrund die Langemarckstraße, links diagonal nach oben die Ernestinenstraße, die auf die Stiftskirche (Nikolauskirche) Stoppenberg zuläuft. Hinter dem freien Feld, schemenhaft erkennbar, Zeche Helene in Altenessen.

Weitere Bücher aus dem Wartberg Verlag

Helga Mohaupt
Essen – Ein verlorenes Stadtbild
Historische Fotografien von
Willy van Heekern.
72 S., geb., zahlr. S/w-Fotos
(ISBN 3-86134-182-4)

Horst W. Bühne
Rundgang durch das alte Essen
Herausgegeben in Zusammenarbeit
mit der Stadtbildstelle Essen.
64 S., geb., zahlreiche S/w-Fotos
(ISBN 3-86134-442-4)

Horst W. Bühne, Peter Happel
Essen – Bewegte Zeiten –
Die 50er Jahre
72 S., geb., zahlr. historische
S/w-Fotos
(ISBN 3-86134-299-5)

Hans-Ulrich Kreß,
Marianne Possmann
Essen. Ein Bildband in Farbe
72 S., geb., 3-sprachig, zahlr.
aktuelle Farbfotos
(ISBN 3-86134-692-3)

Hans-Ulrich Kreß,
Marianne Possmann
Essen auf den ersten Blick
32 S., geb., 3-sprachig, zahlr.
aktuelle Farbfotos
(ISBN 3-86134-693-1)

Heinz-Jürgen Priamus (Hg.)
Gelsenkirchen – wie es früher war
72 S., geb., zahlr. historische S/w-
Fotos
(ISBN 3-86134-185-9)

Heinz-Jürgen Priamus,
Andreas Koch, Norbert Silberbach
Ein Rundgang durch das alte
Gelsenkirchen
64 S., geb., Großformat, zahlr.
historische S/w-Fotos
(ISBN 3-86134-623-0)

Heinz-Jürgen Priamus (Hg.)
Gelsenkirchen – Bewegte Zeiten –
Die 50er Jahre
72 S., geb., zahlr. historische
S/w-Fotos
(ISBN 3-86134-248-0)

Heinz-Jürgen Priamus
125 Jahre Gelsenkirchen
64 S., geb., Großformat,
zahlr. Fotos
(ISBN 3-86134-850-0)

Lutz Heidemann,
Hans-Georg Hamelmann
Gelsenkirchen – Luftaufnahmen
von gestern und heute
Eine Gegenüberstellung
48 S., geb., zahlr. S/w- und
Farbfotos
(ISBN 3-86134-466-1)

Hans-Ulrich Kreß, Jörg Zimmer
Gelsenkirchen. Ein Bildband
in Farbe
72 S., geb., 3-sprachig, zahlr.
aktuelle Farbfotos
(ISBN 3-86134-702-4)

Hans-Ulrich Kreß, Jörg Zimmer
Gelsenkirchen –
Auf den ersten Blick
32 S., geb., 3-sprachig, zahlr.
aktuelle Farbfotos
(ISBN 3-86134-698-2)

Johannes Volker Wagner,
Monika Woborni
Bochum – Ein verlorenes
Stadtbild
72 S., geb., zahlr. historische
S/w-Fotos
(ISBN 3-86134-171-9)

Hans-Ulrich Kreß,
Irmgard Bernrieder
Bochum – Farbbildband
dtsch./engl.
72 S., geb., zahlr. Farbfotos
(ISBN 3-86134-551-X)

Hans-Ulrich Kreß,
Irmgard Bernrieder
Bochum – Auf den ersten Blick
dtsch./engl./franz.
32 S., geb., zahlr. Farbfotos
(ISBN 3-86134-580-3)

Wartberg Verlag GmbH & Co. KG
Im Wiesental 1 • 34281 Gudensberg-Gleichen
Tel.: 0 56 03/9 30 50 • Fax: 0 56 03/30 83